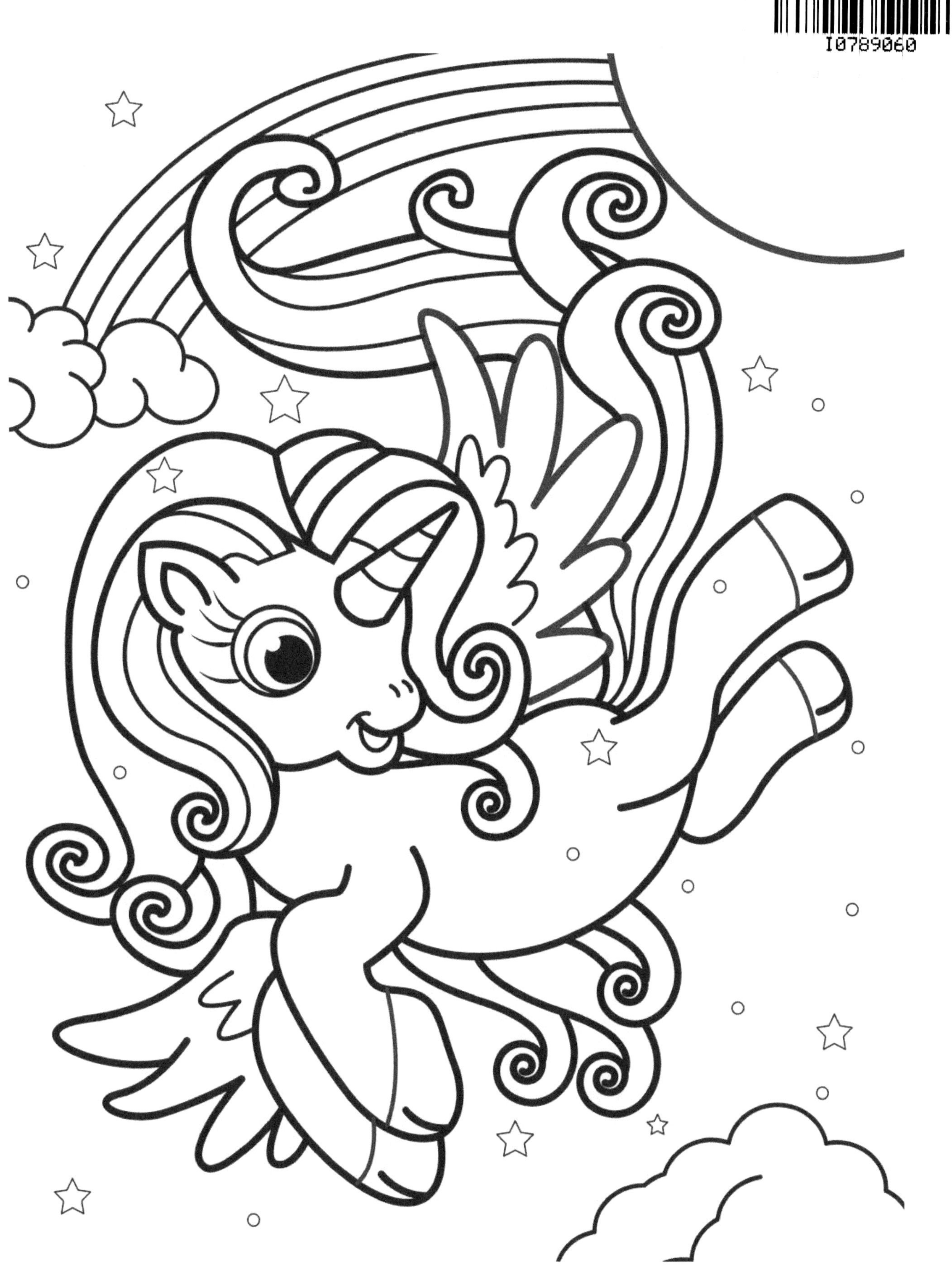
I0789060

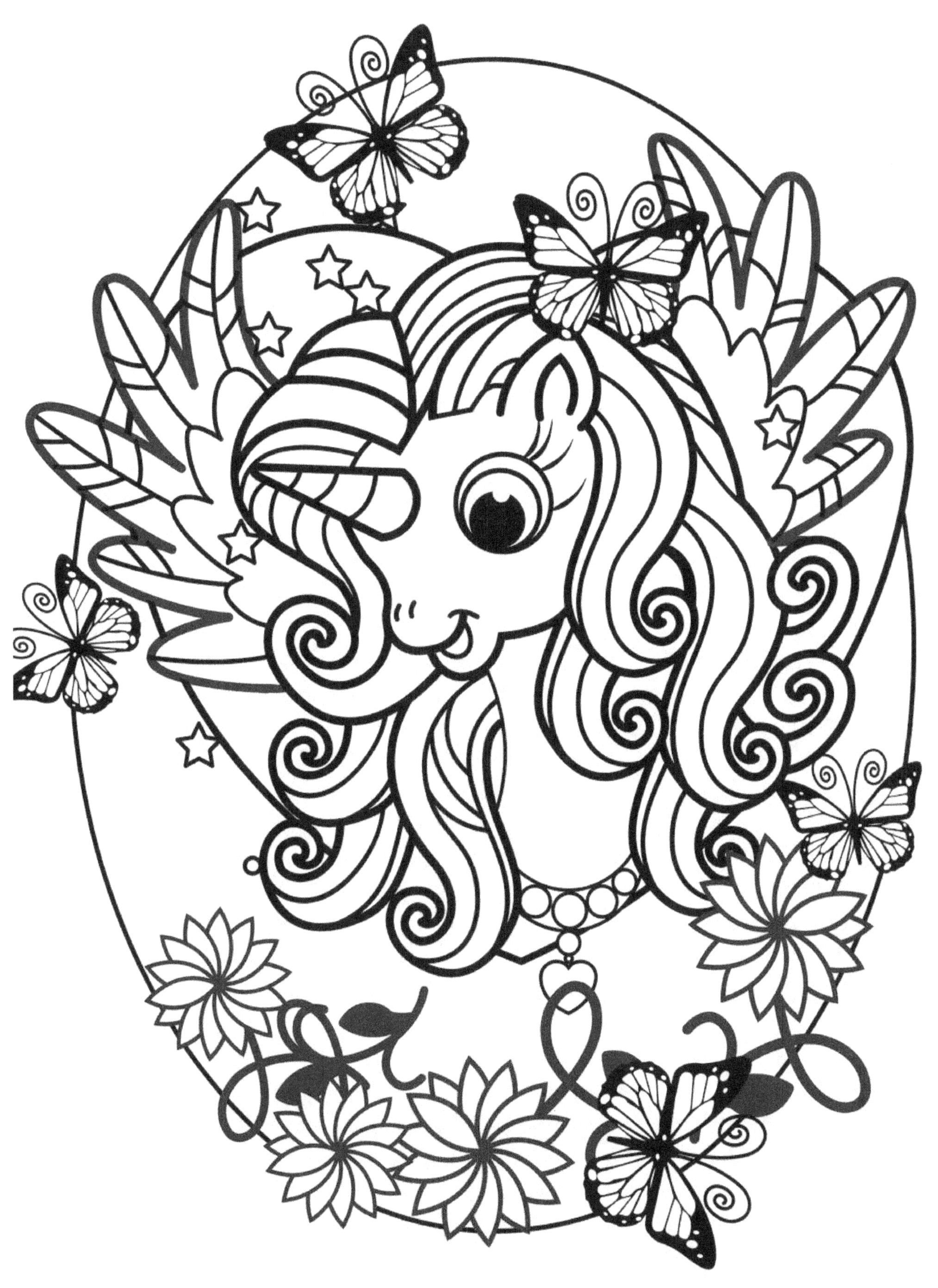

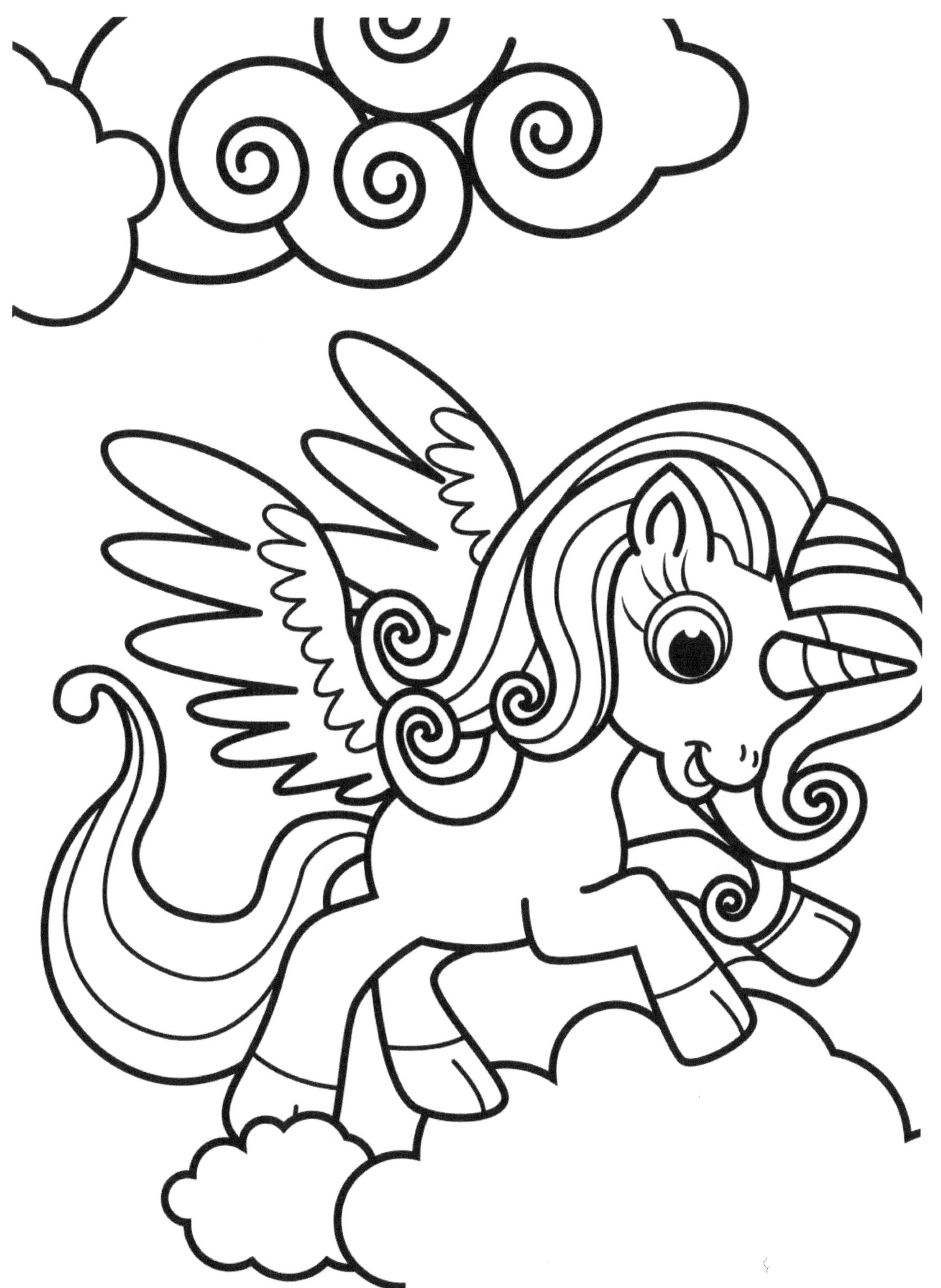

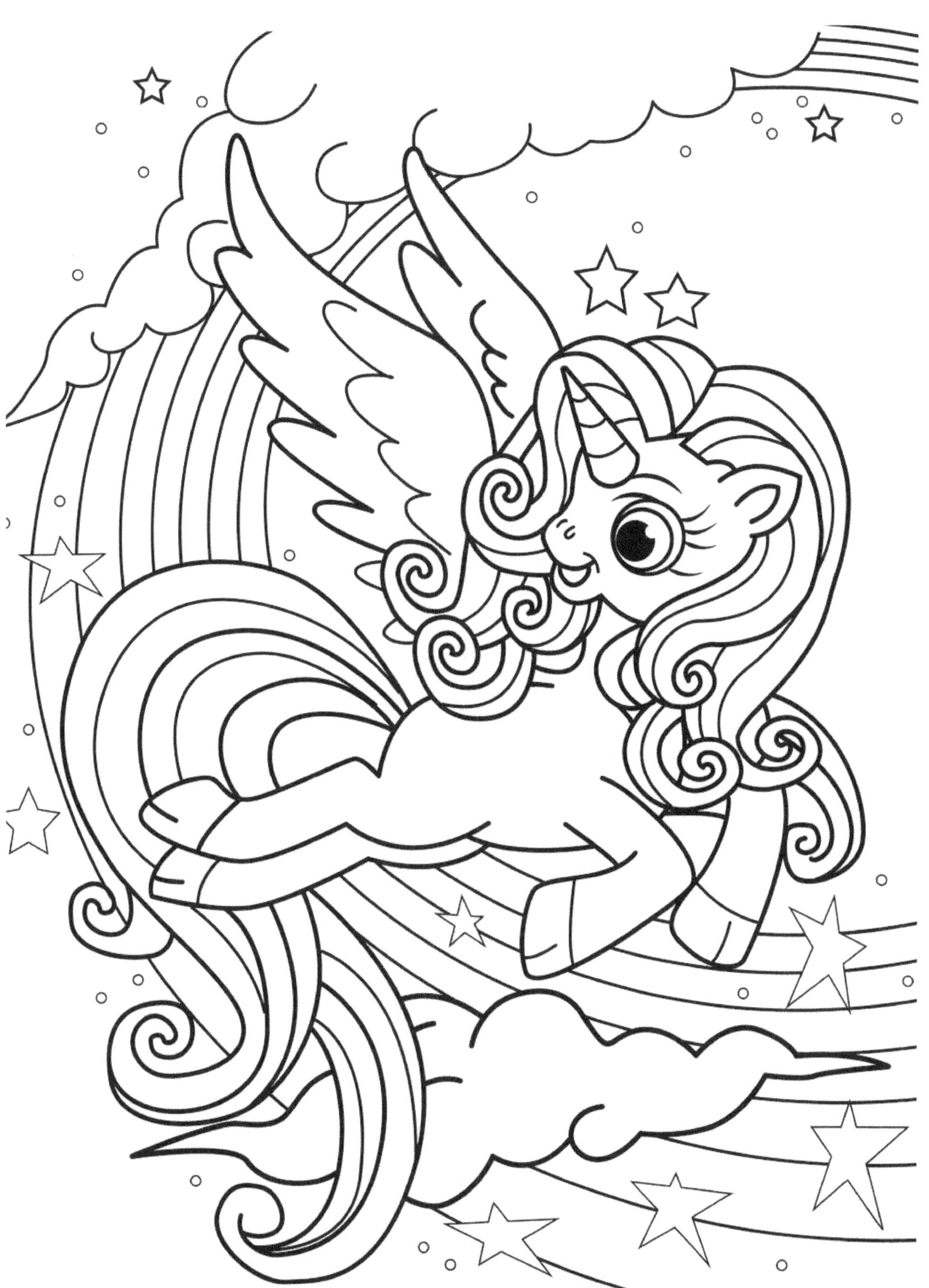

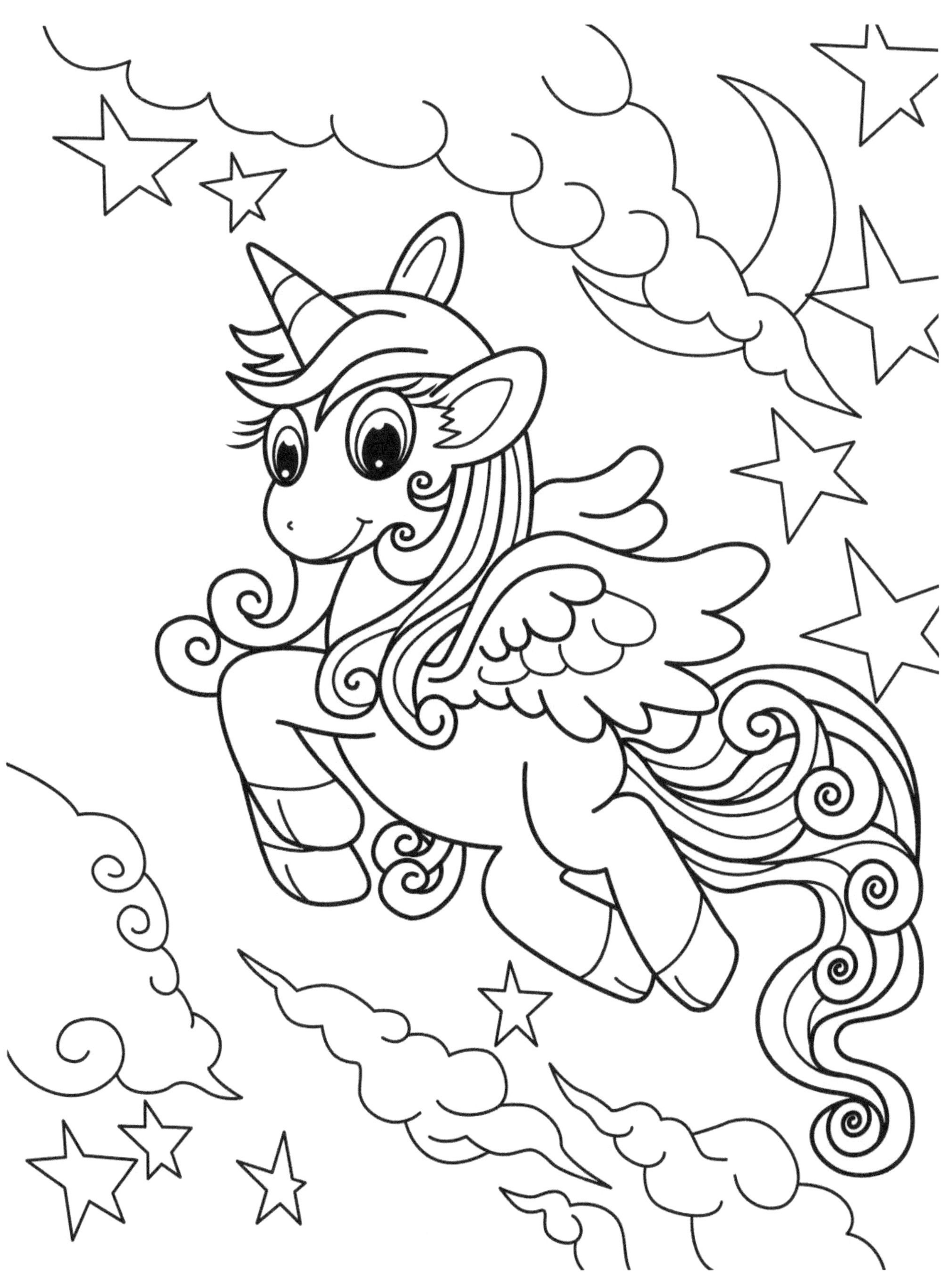

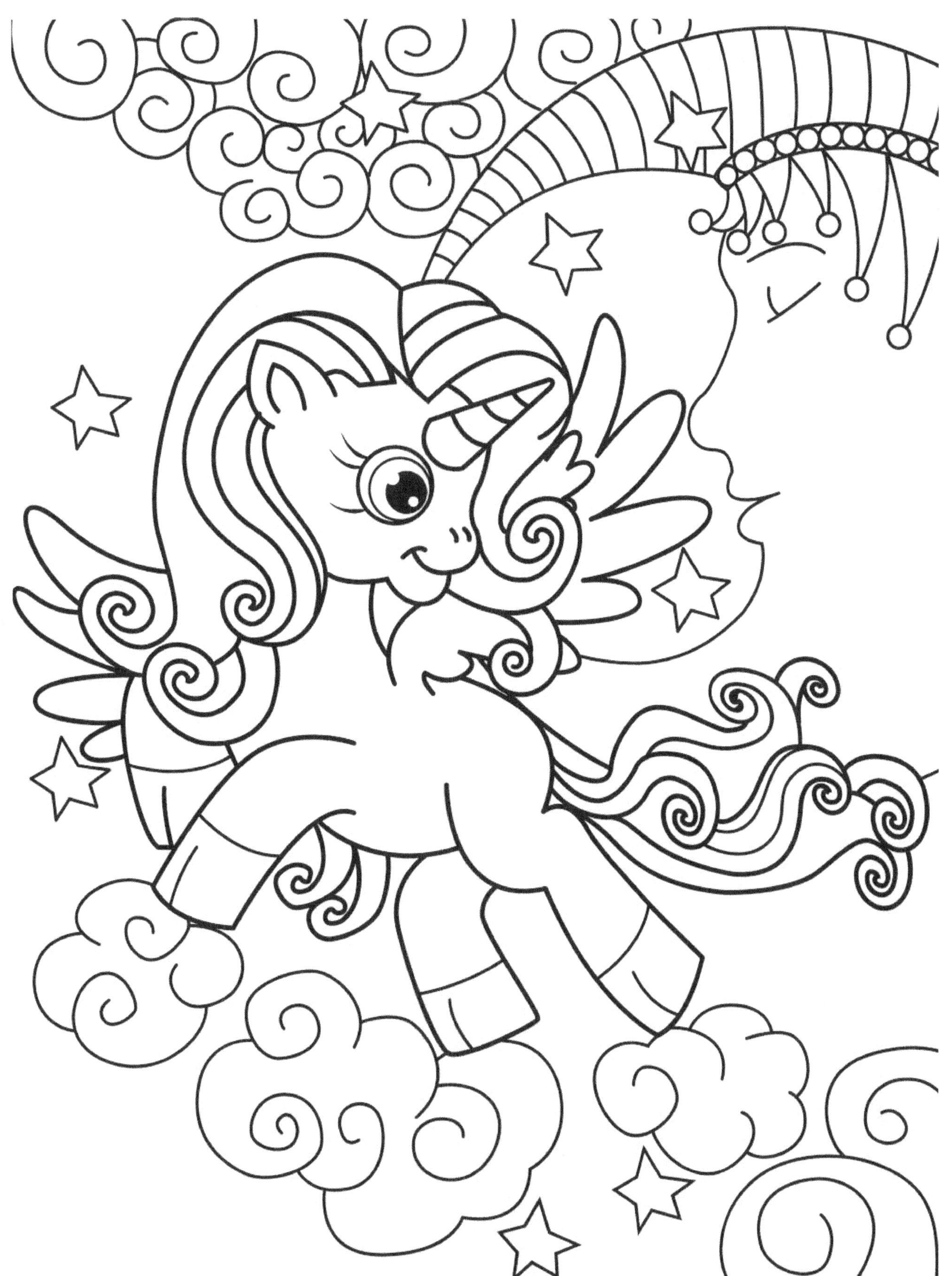

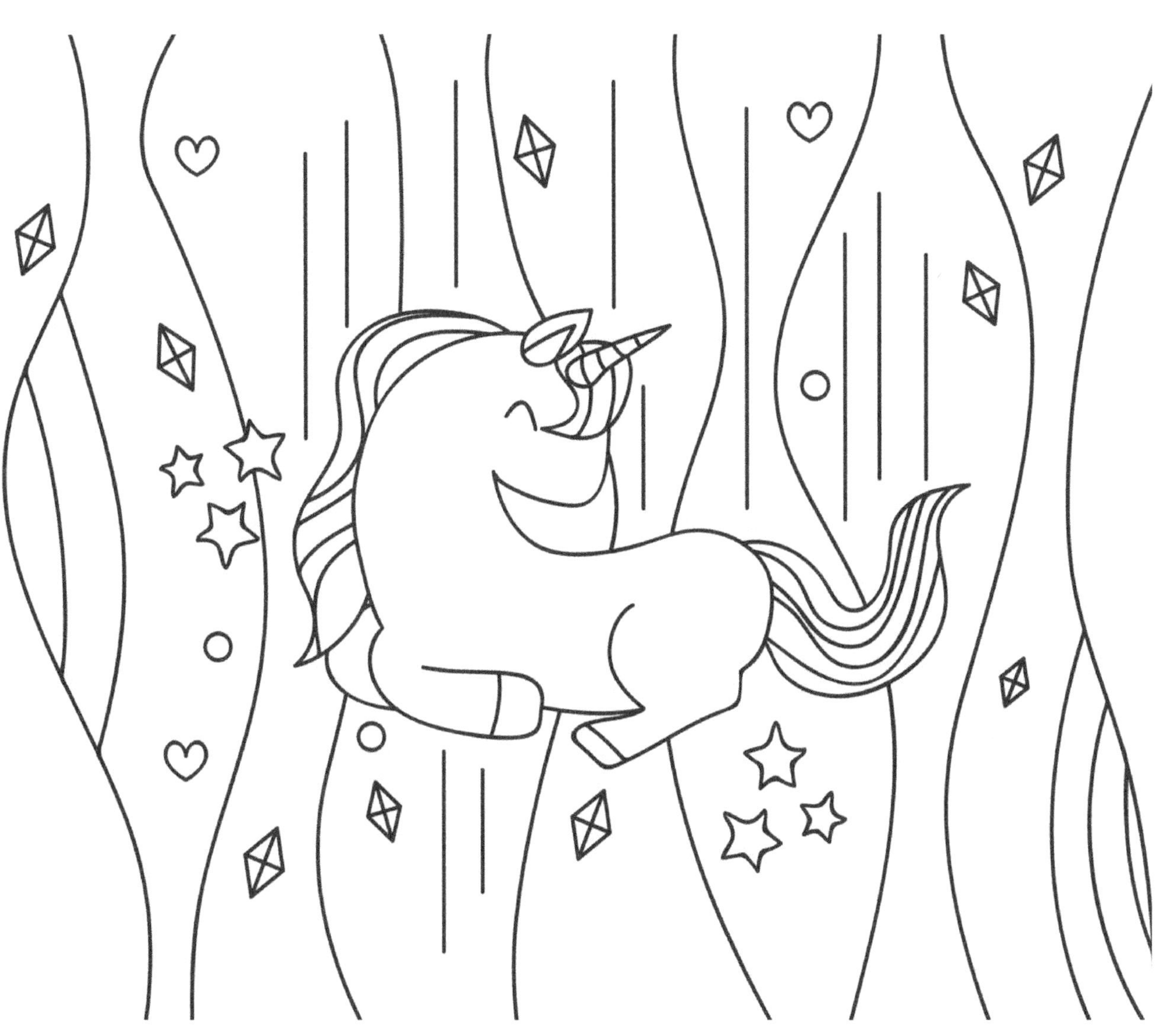

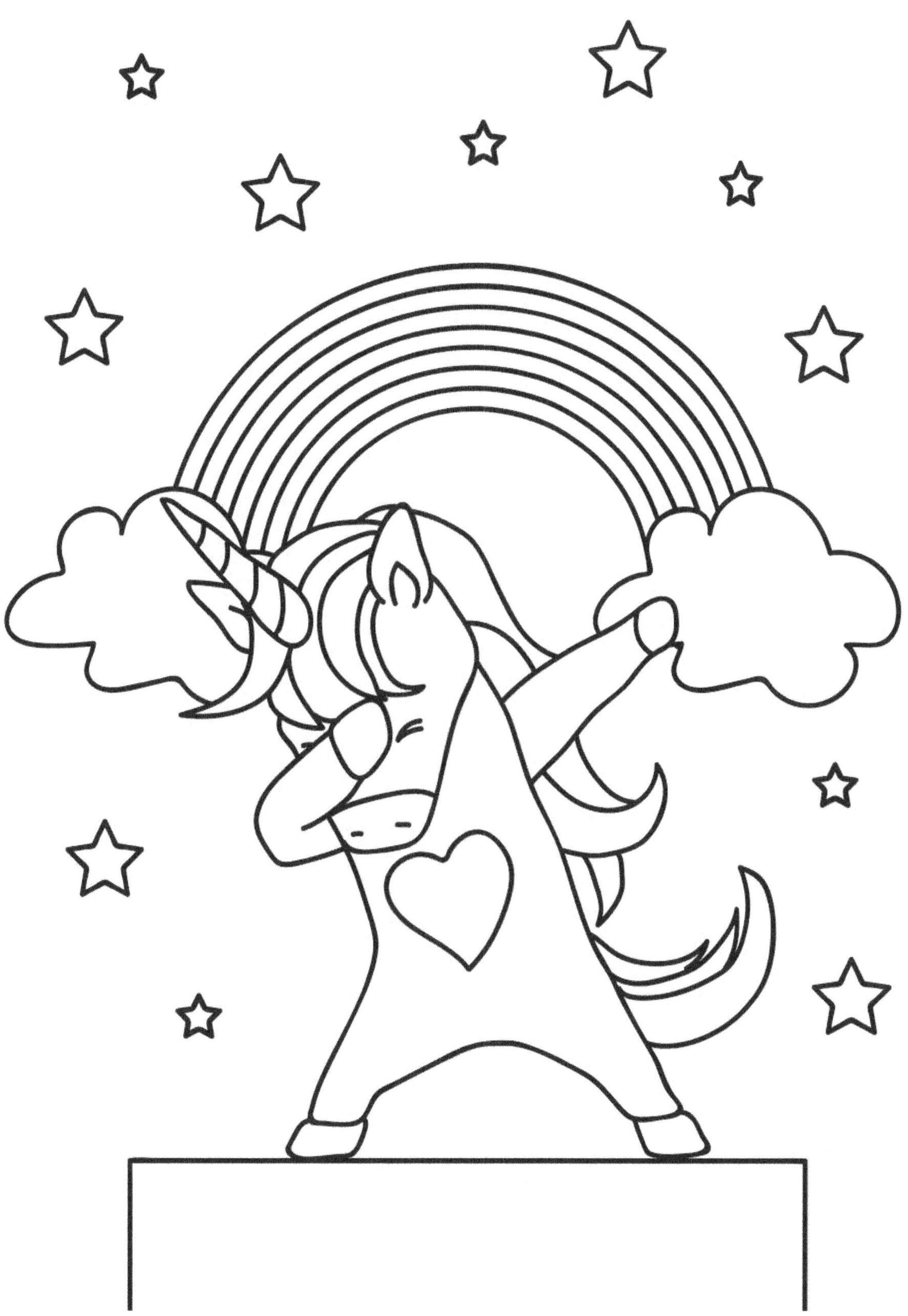

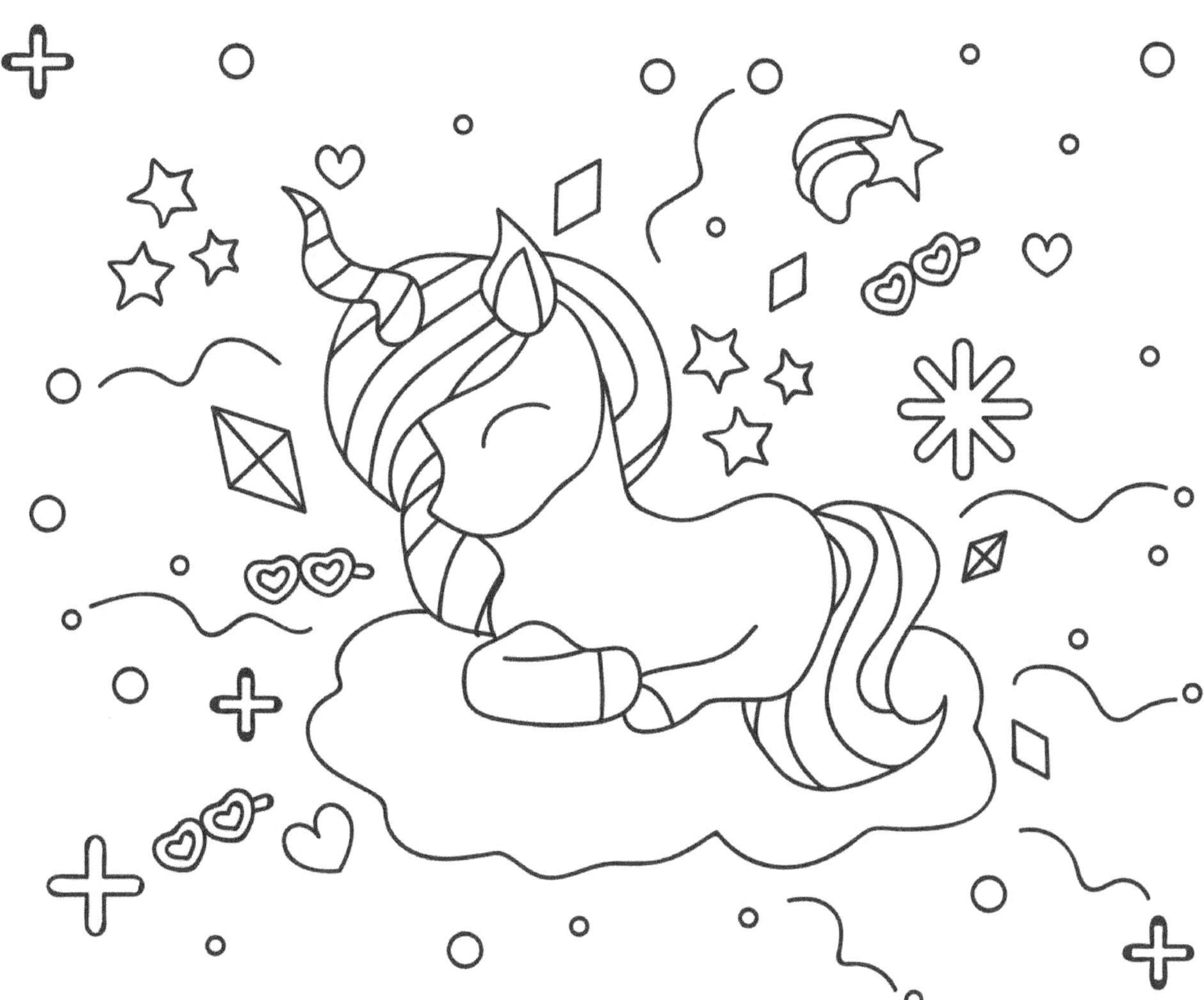

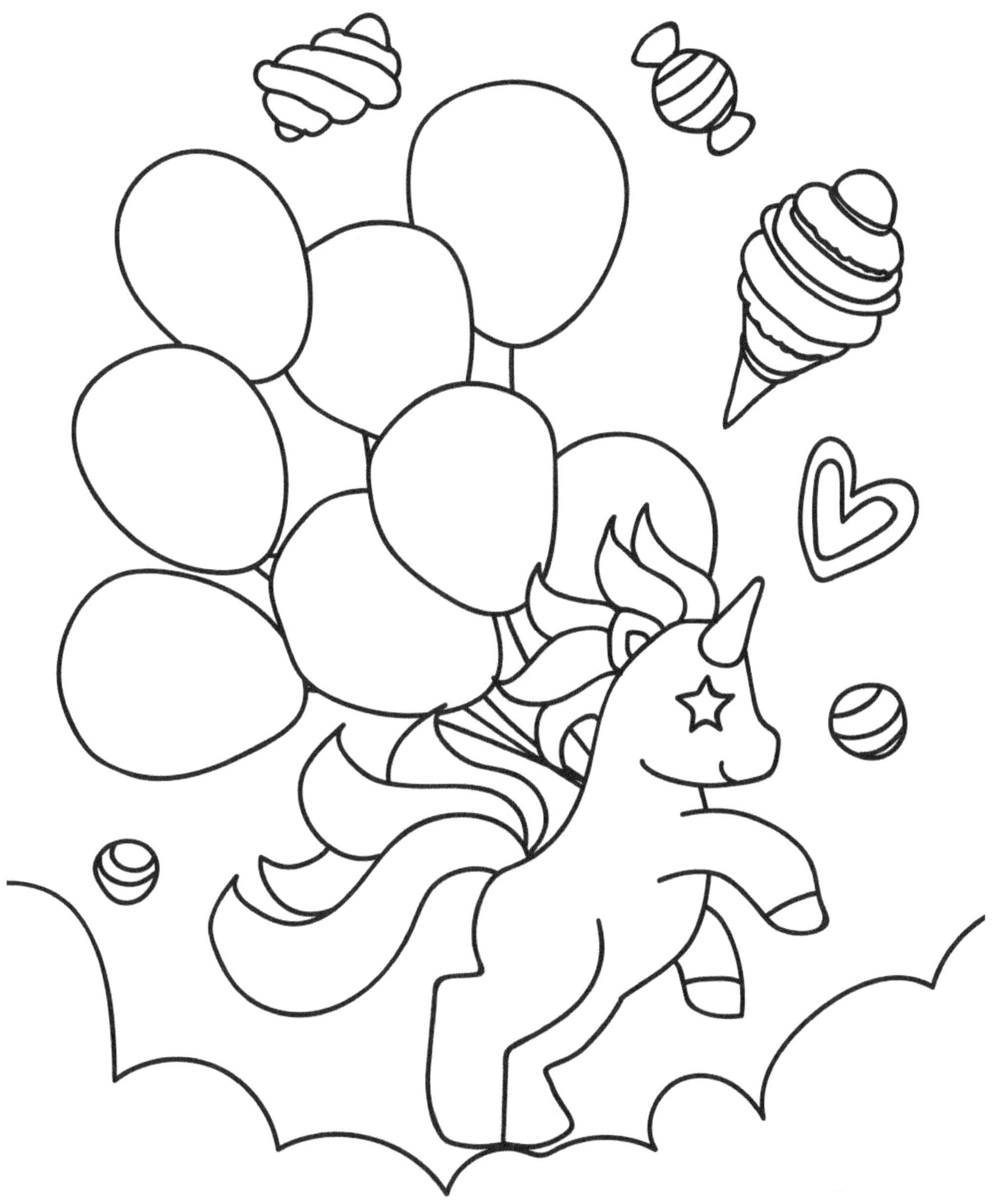

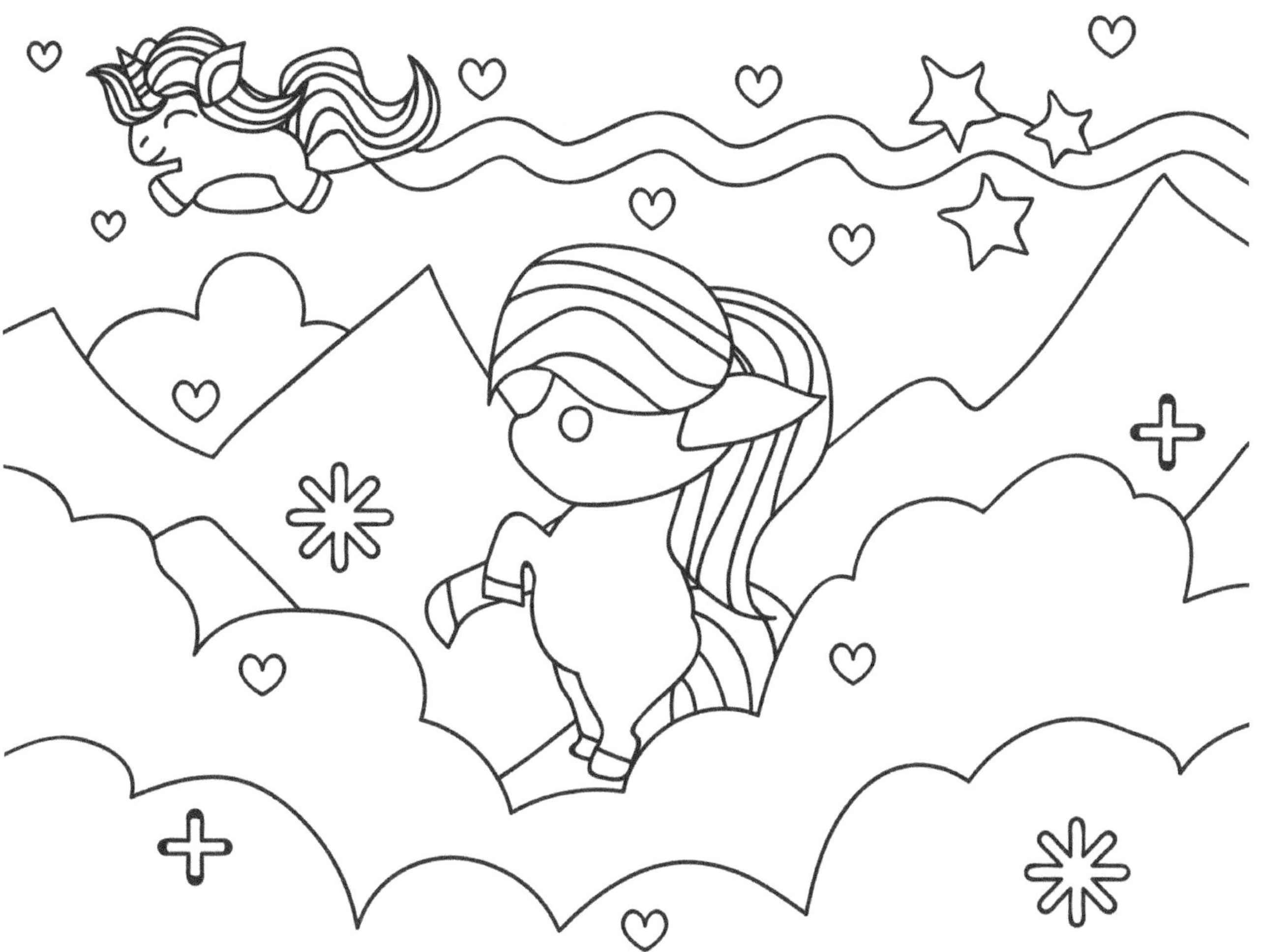

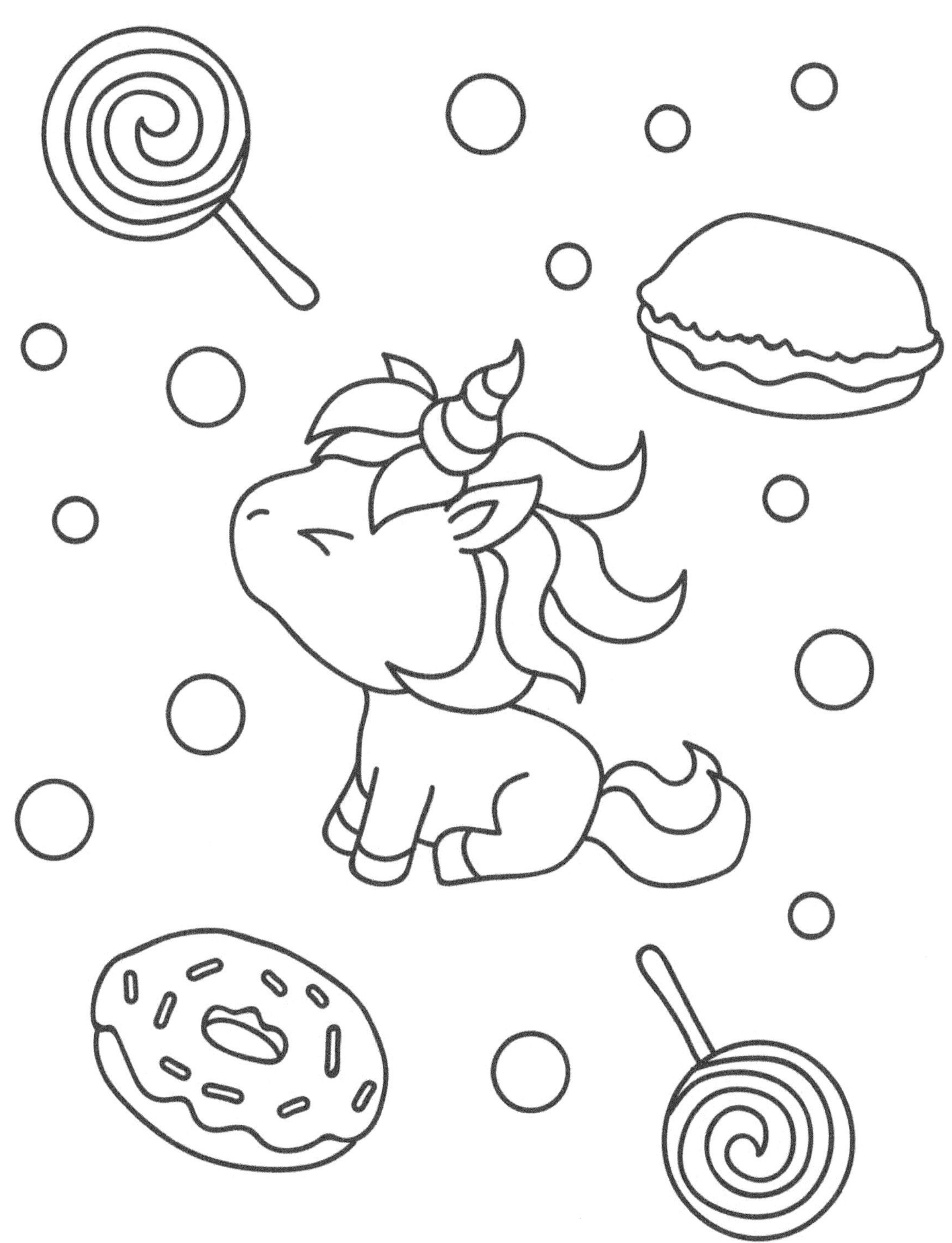

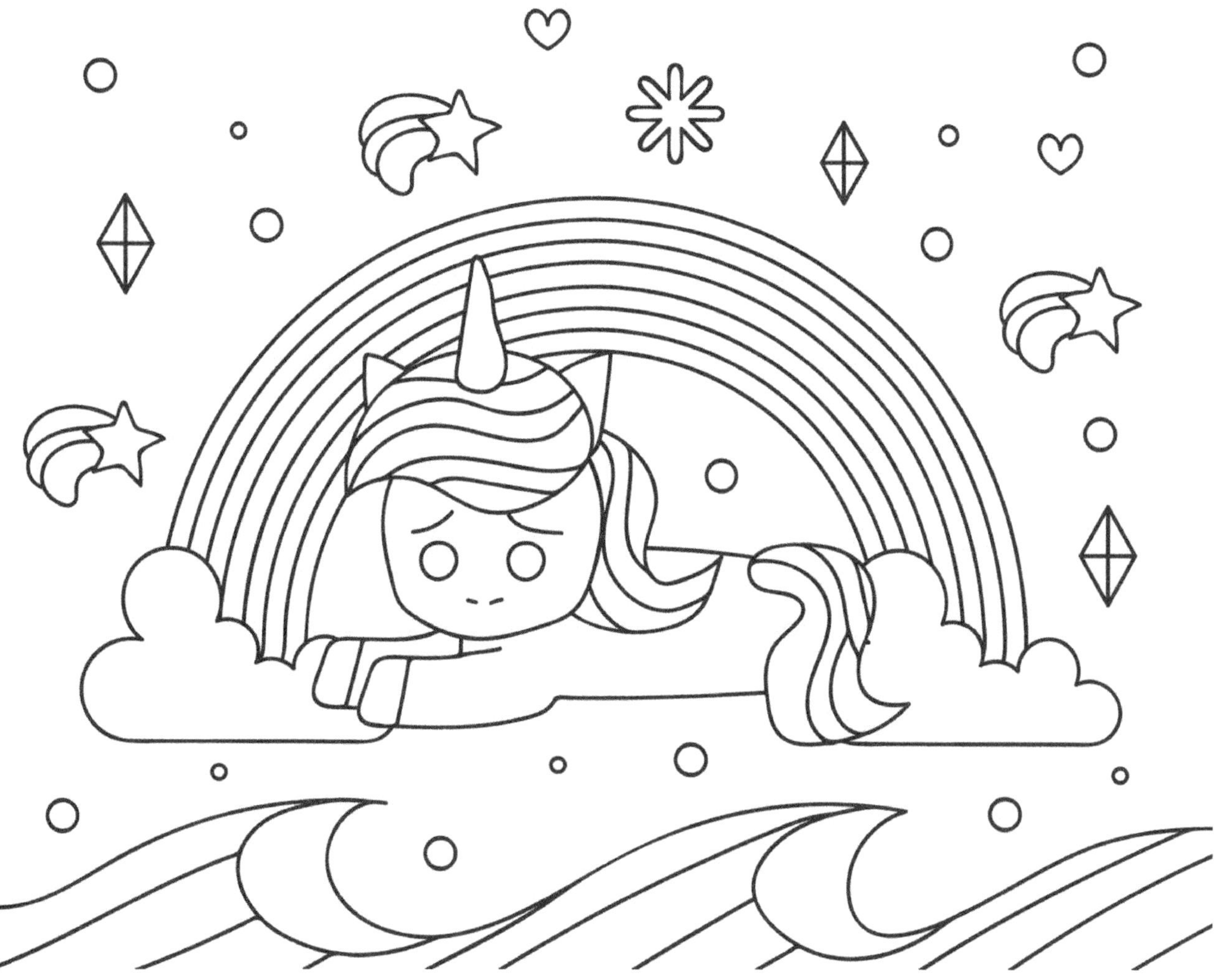

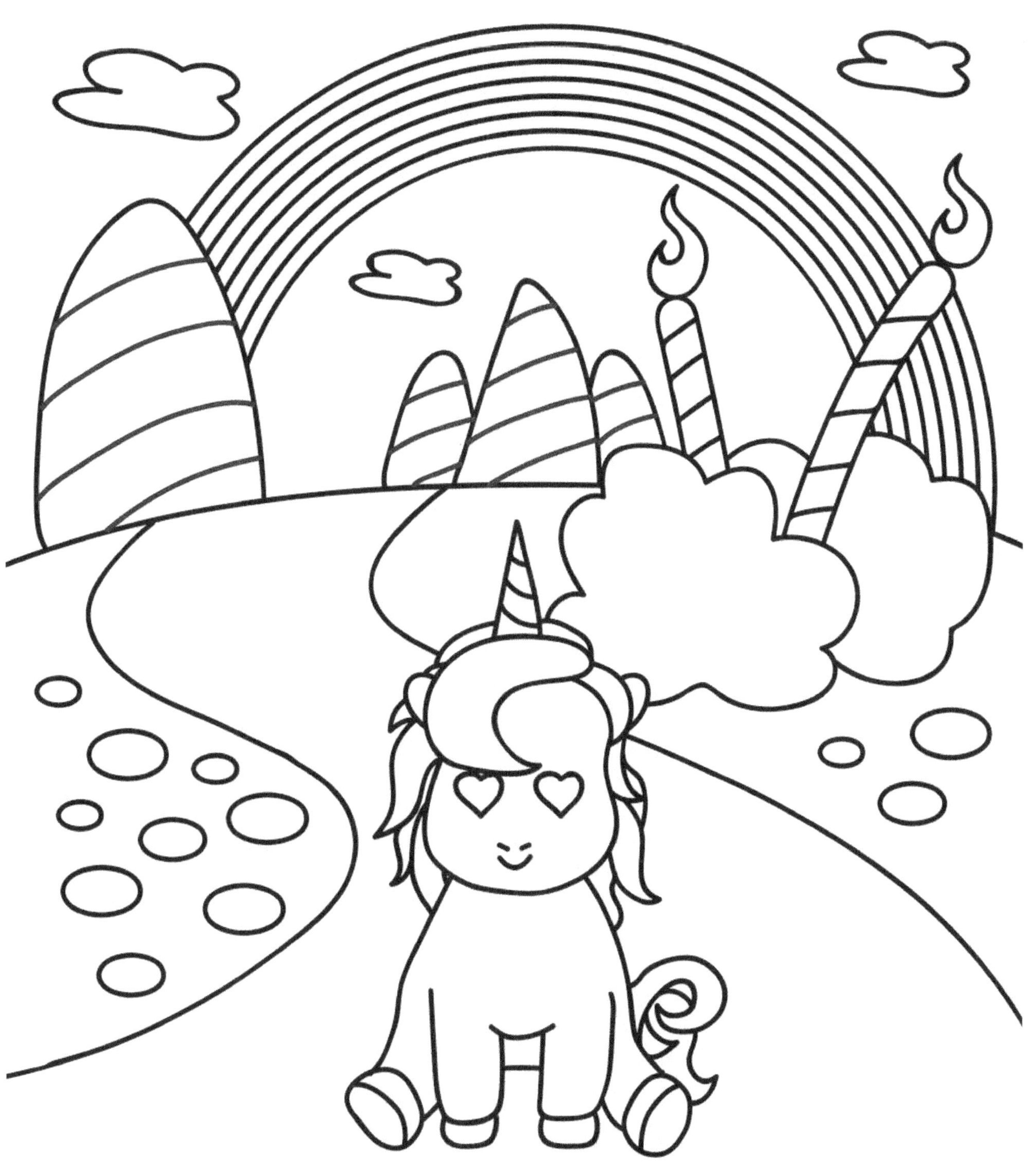

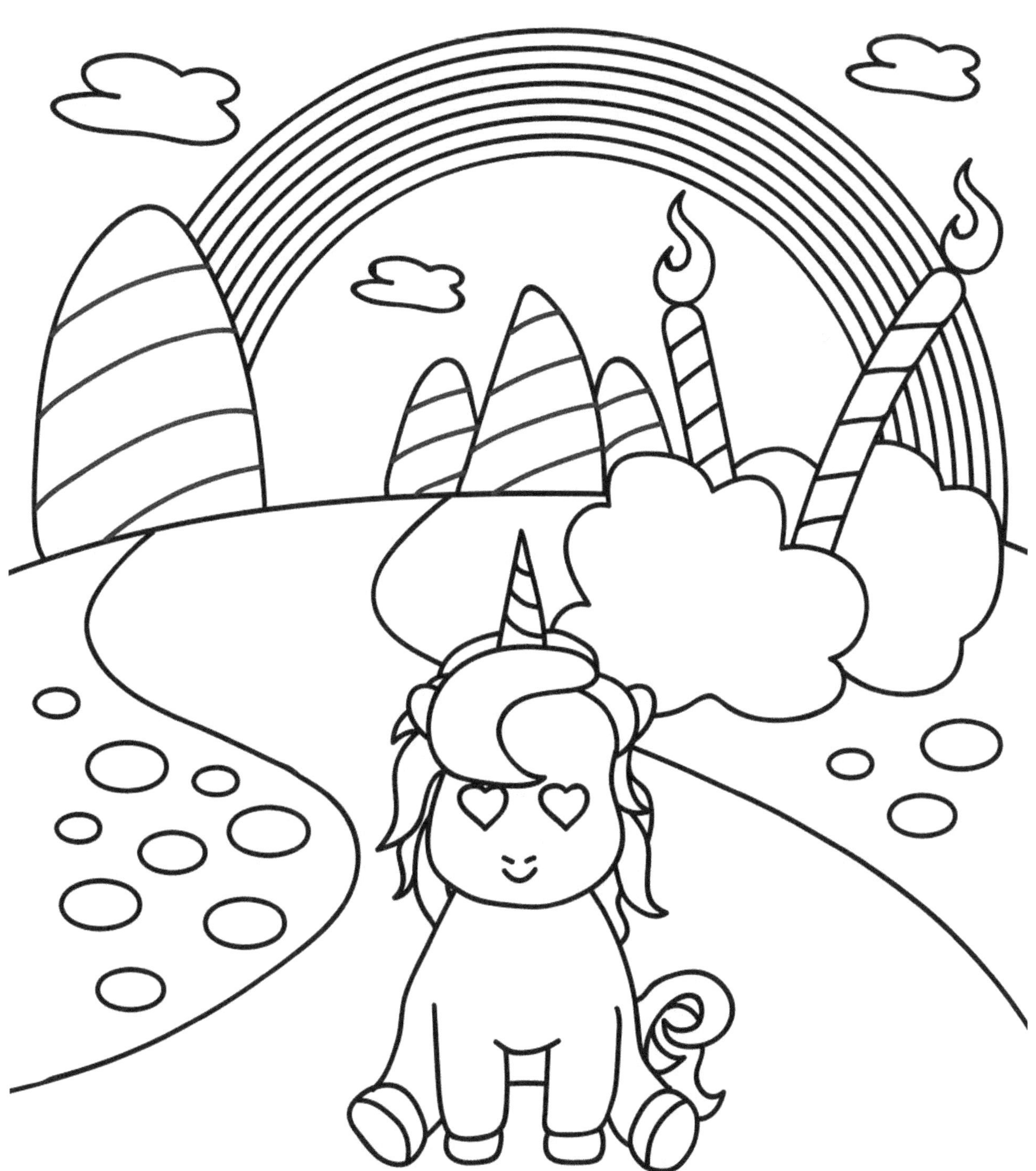

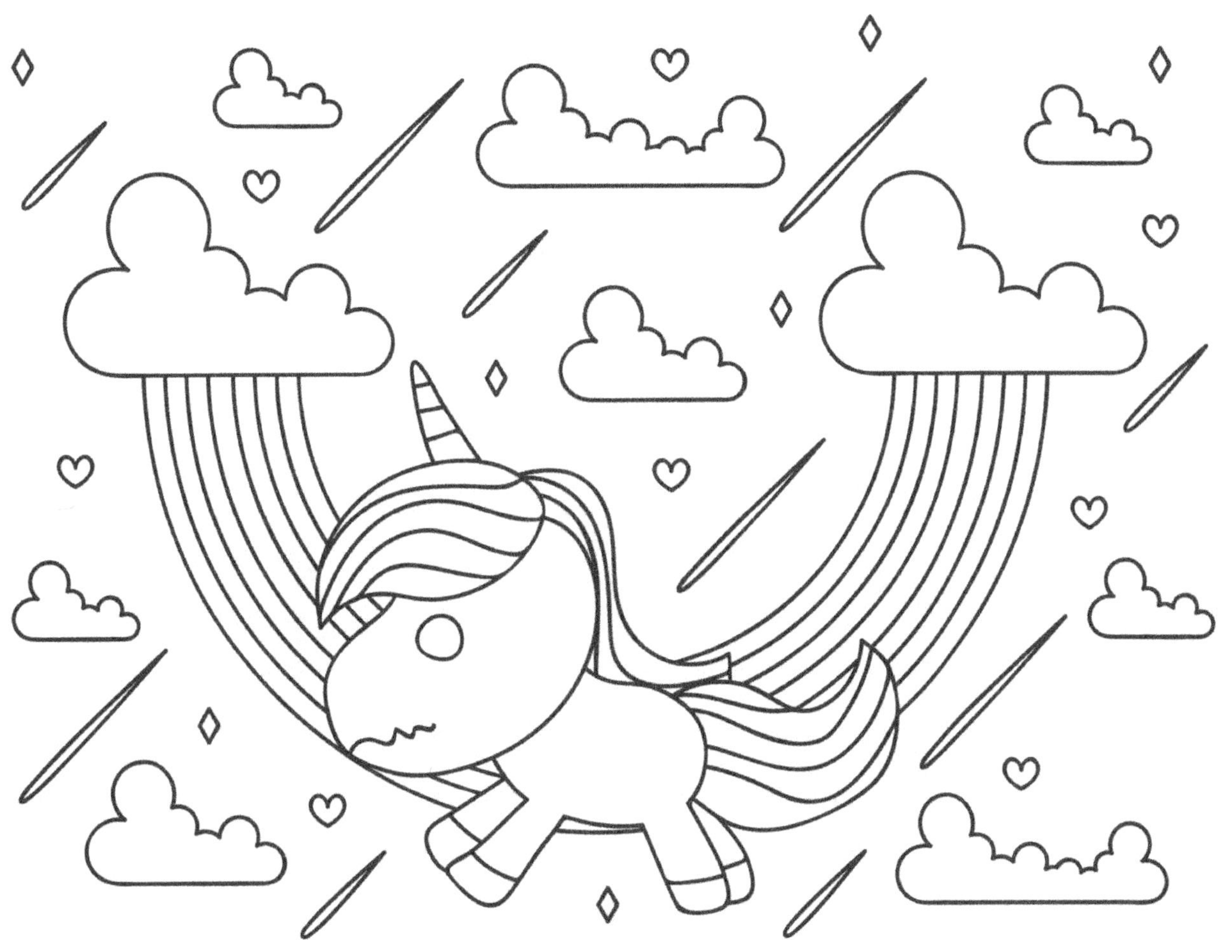

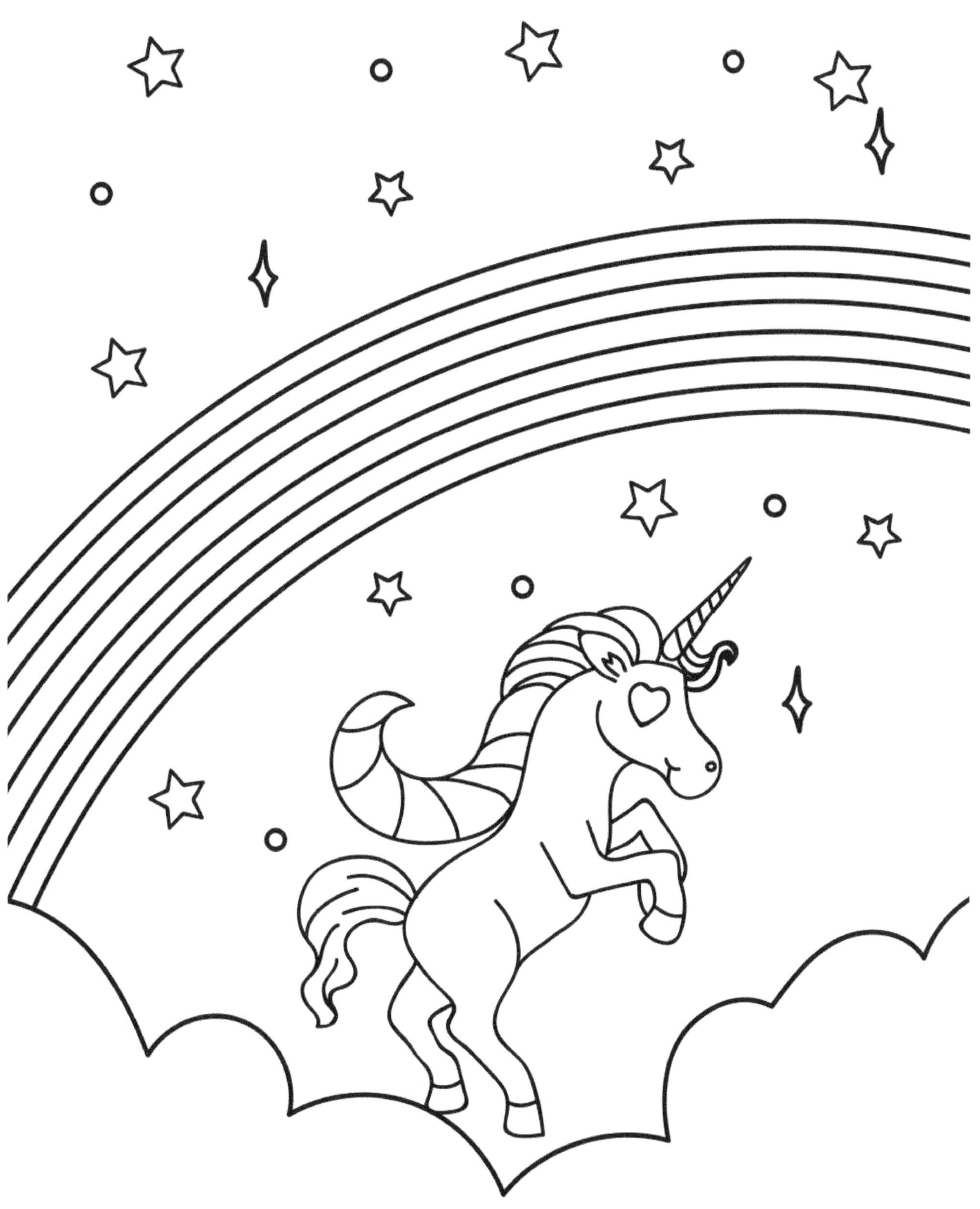

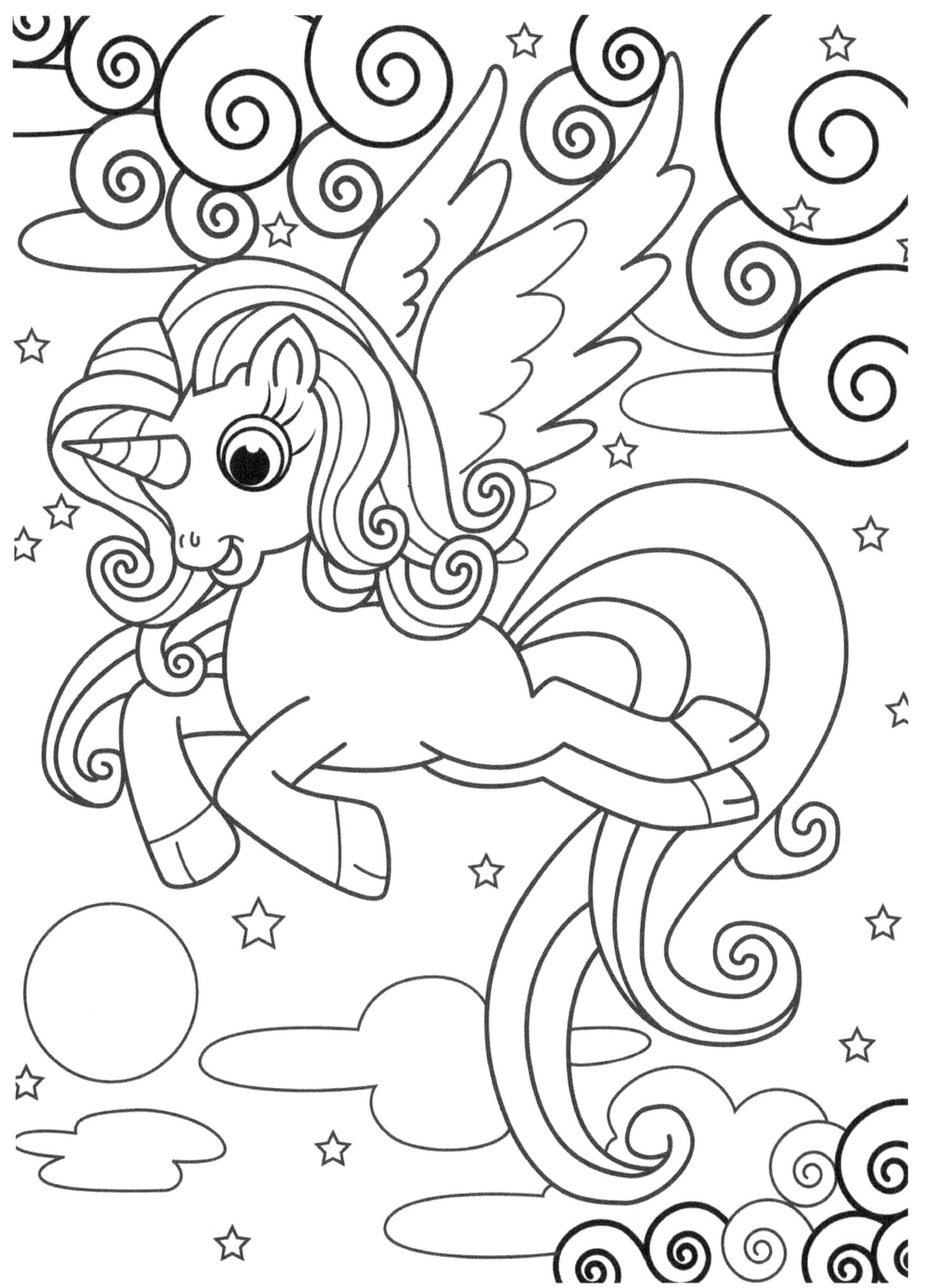

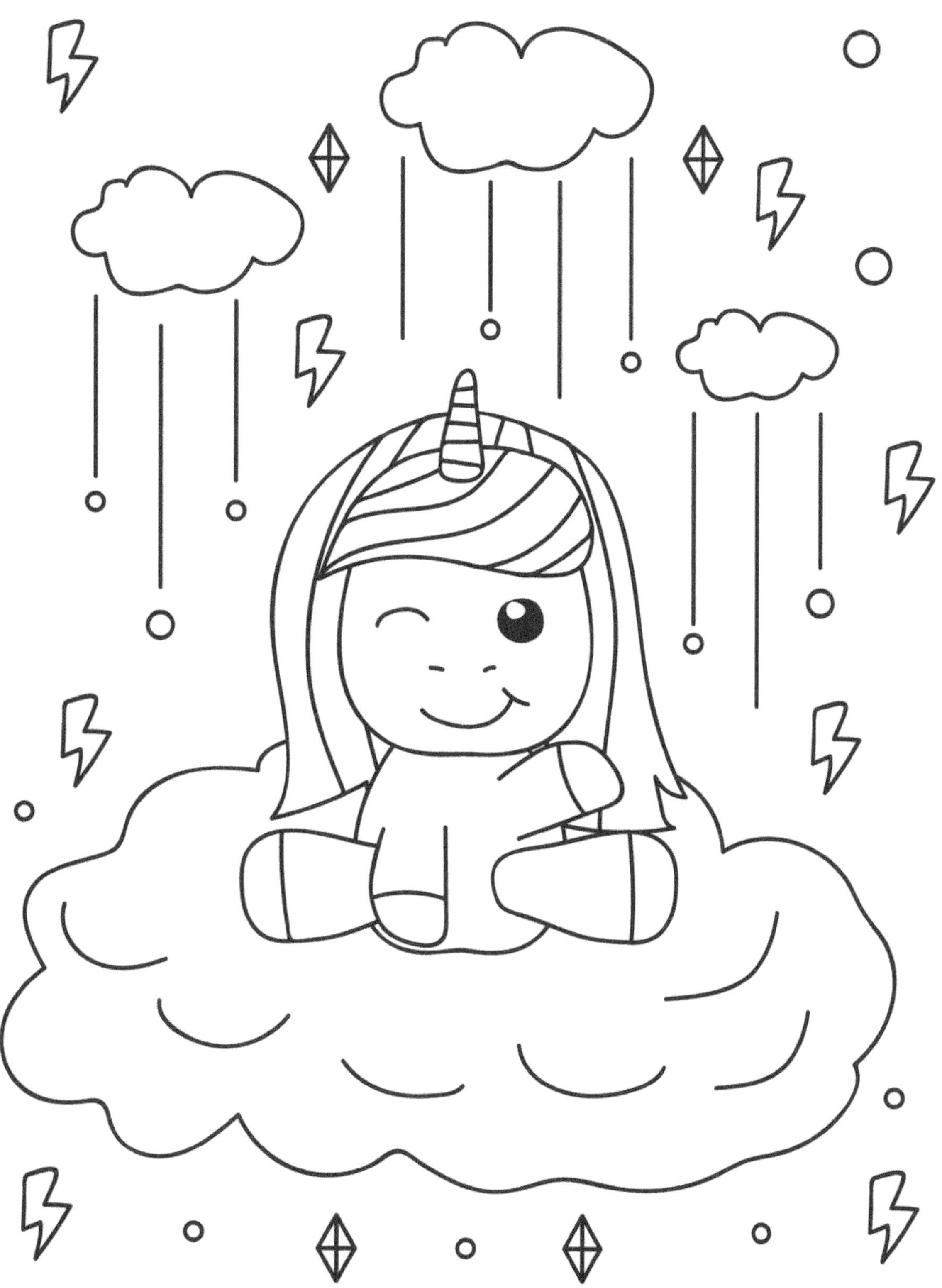

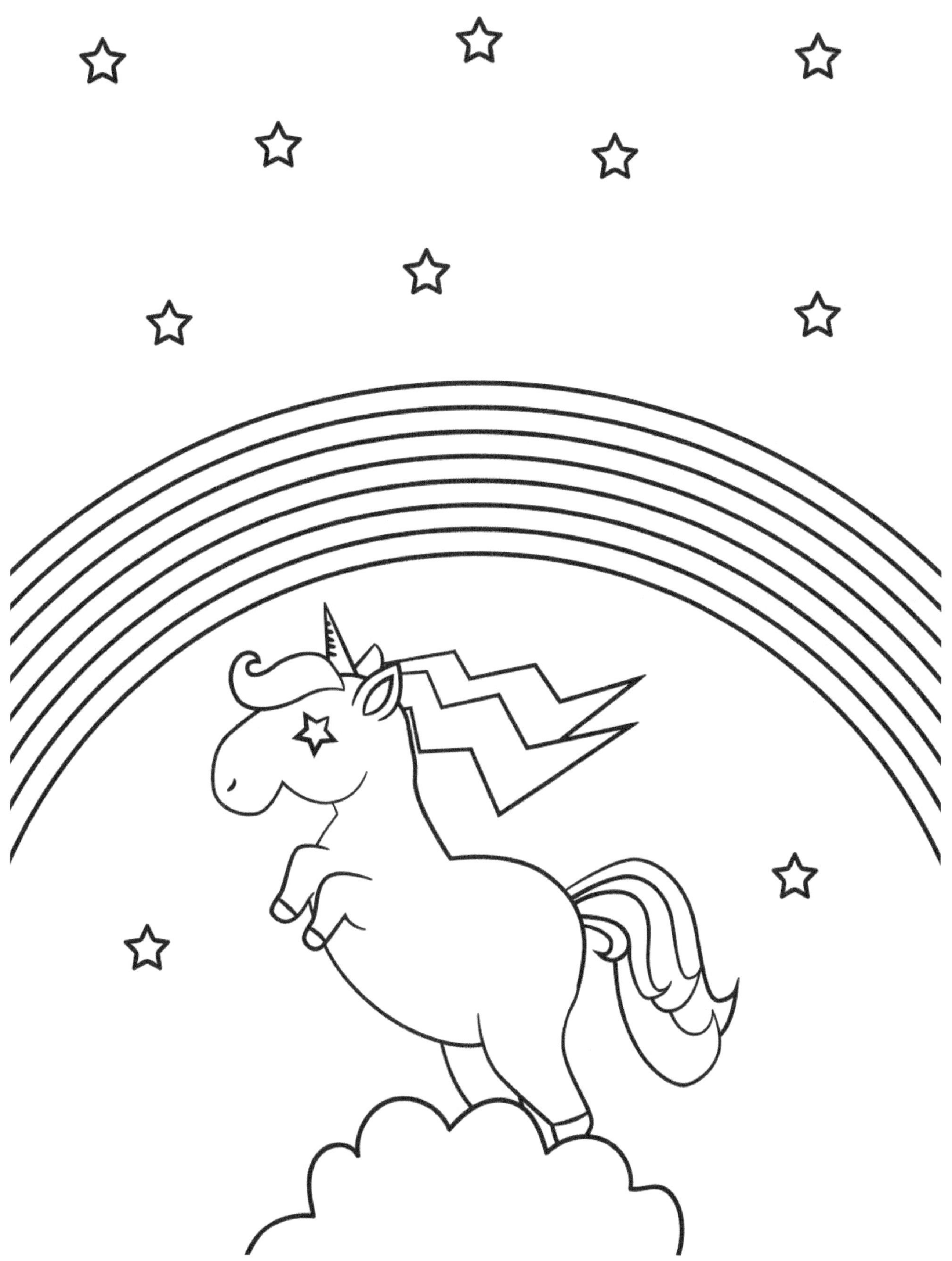

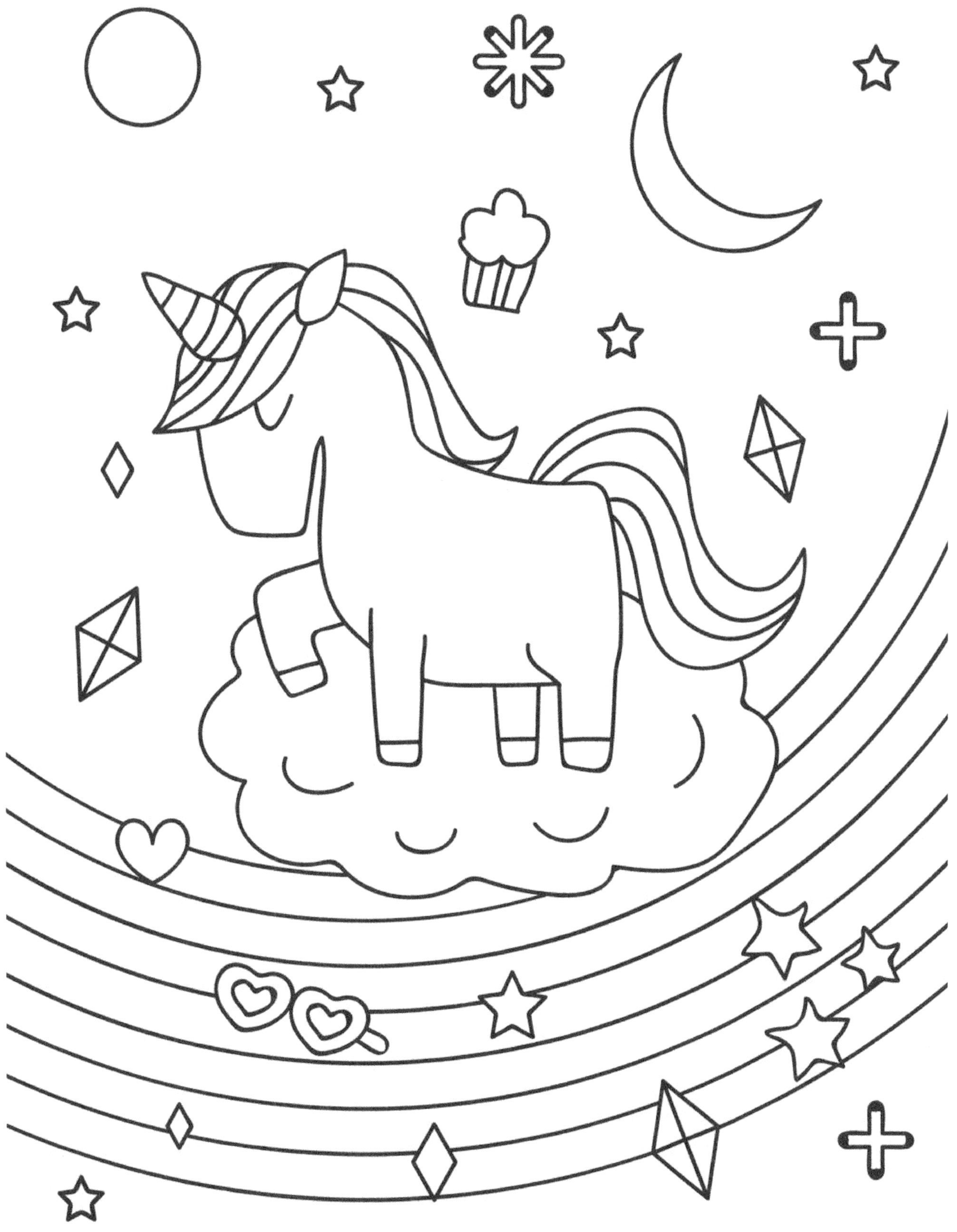

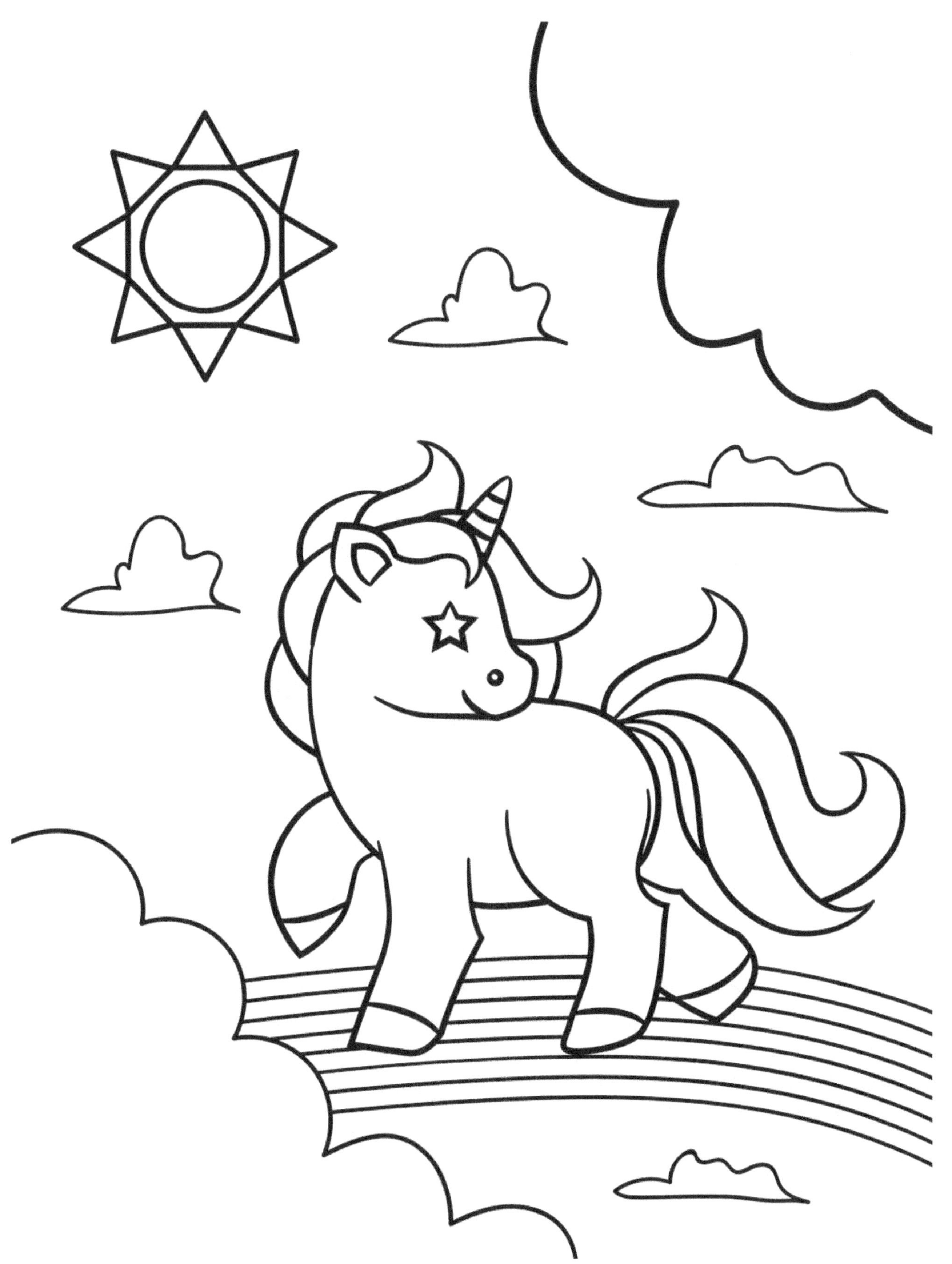

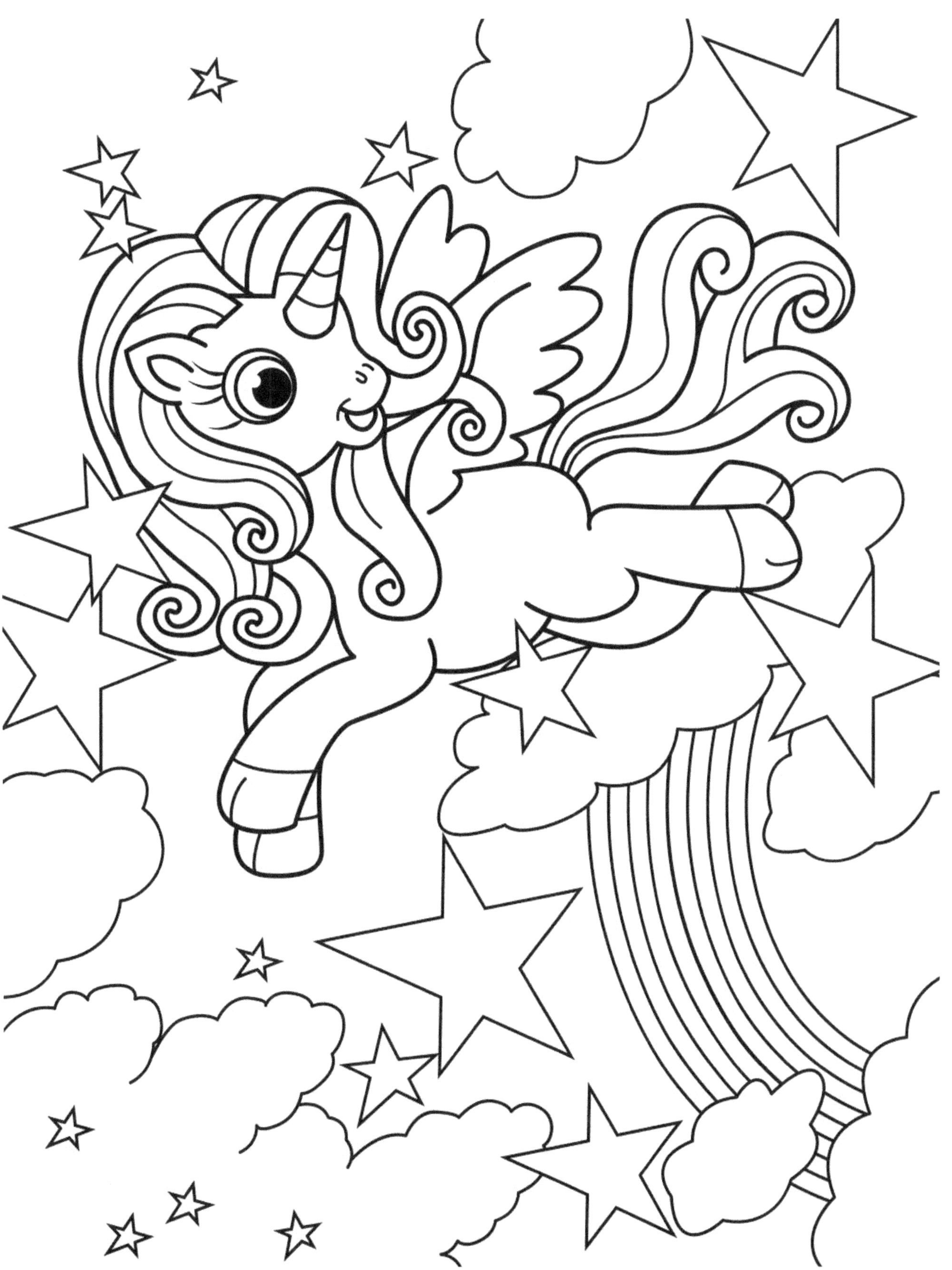

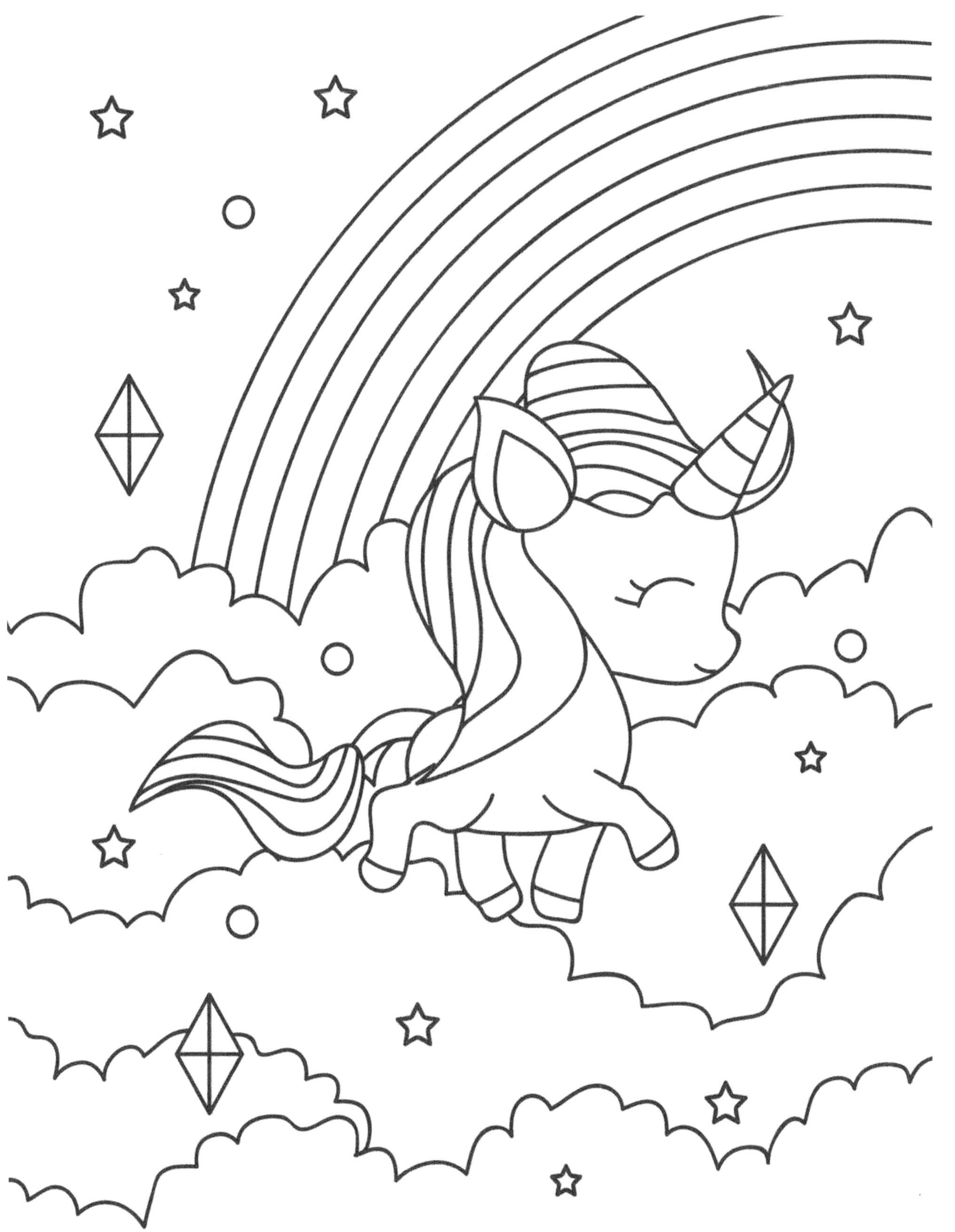

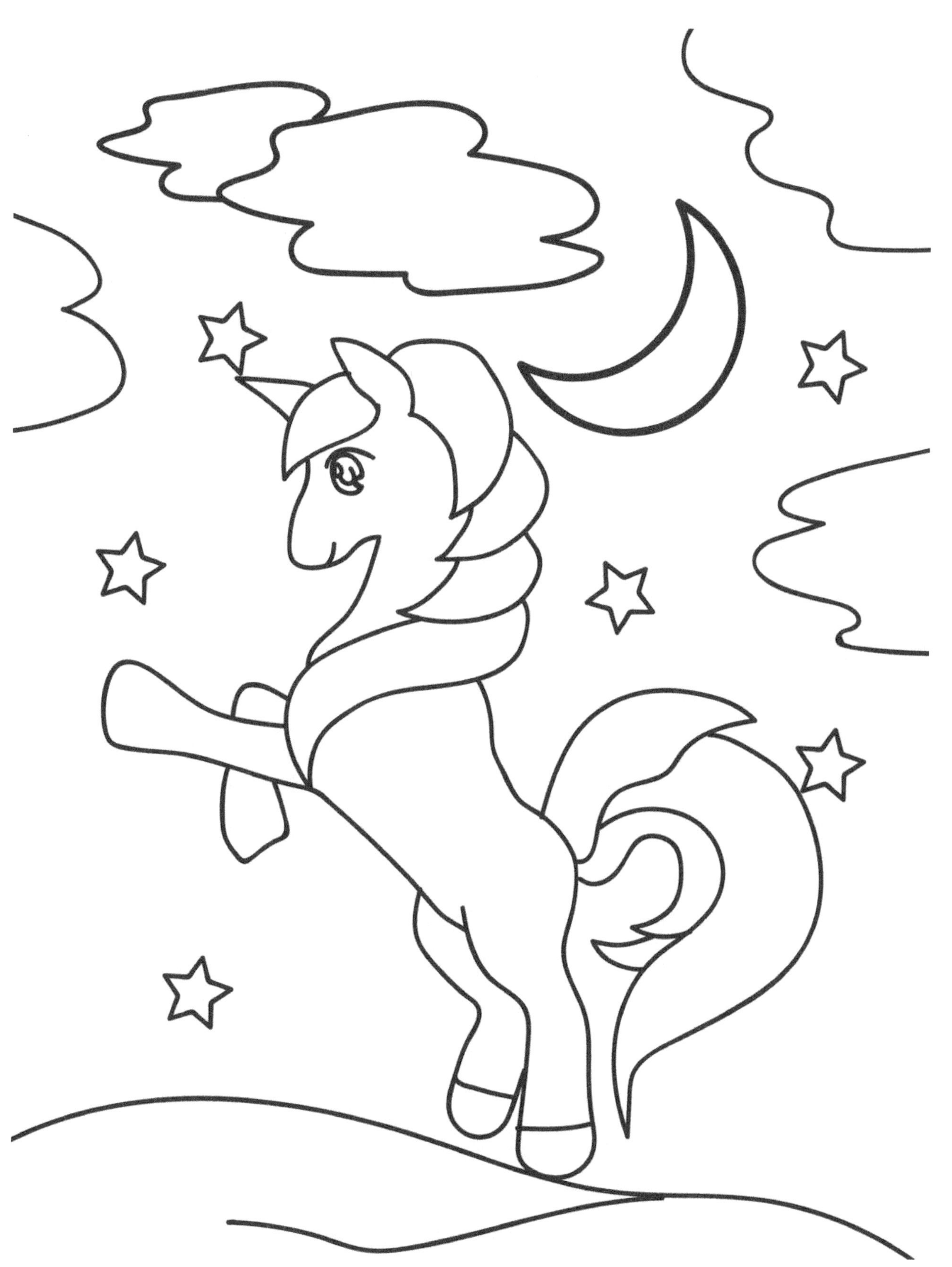

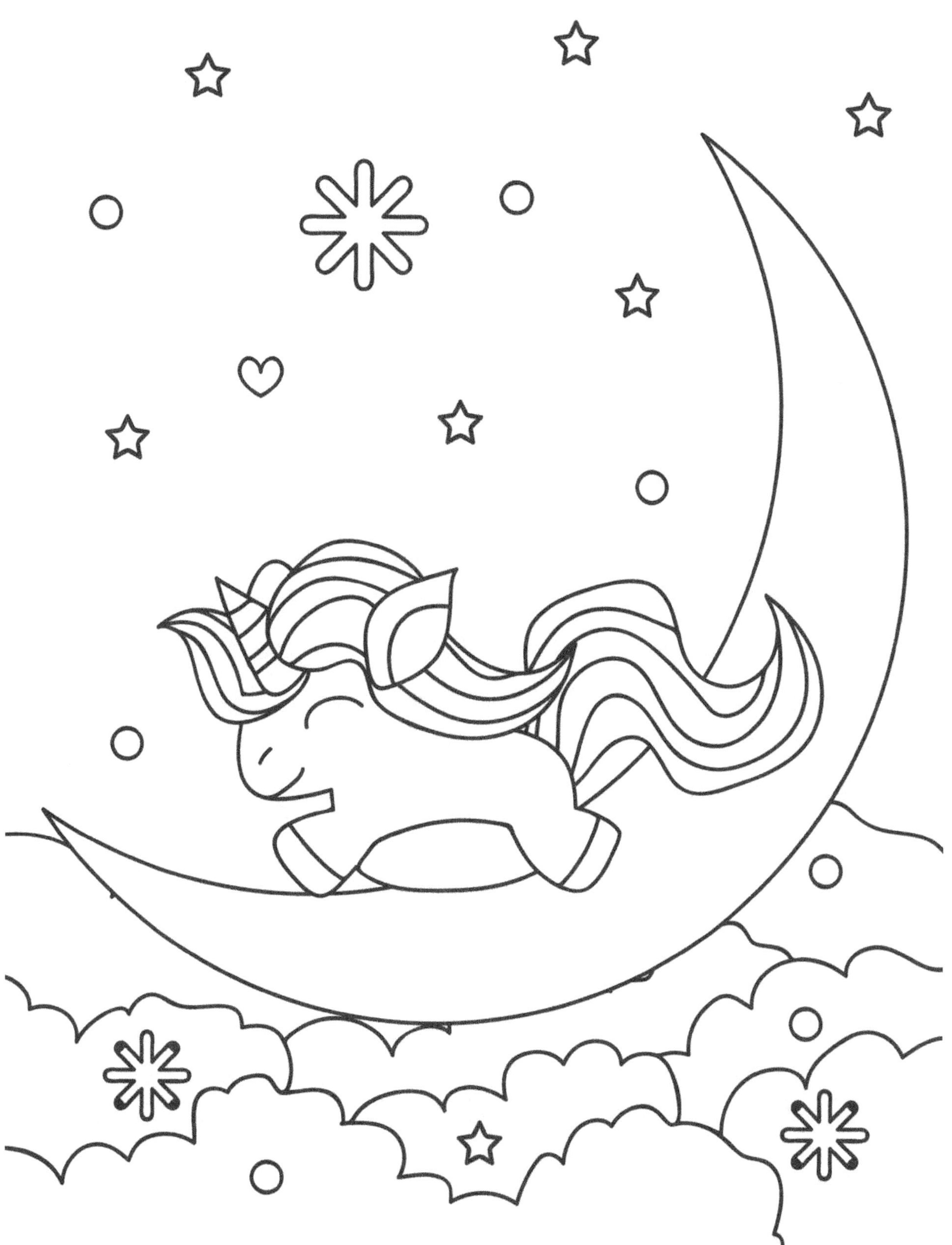

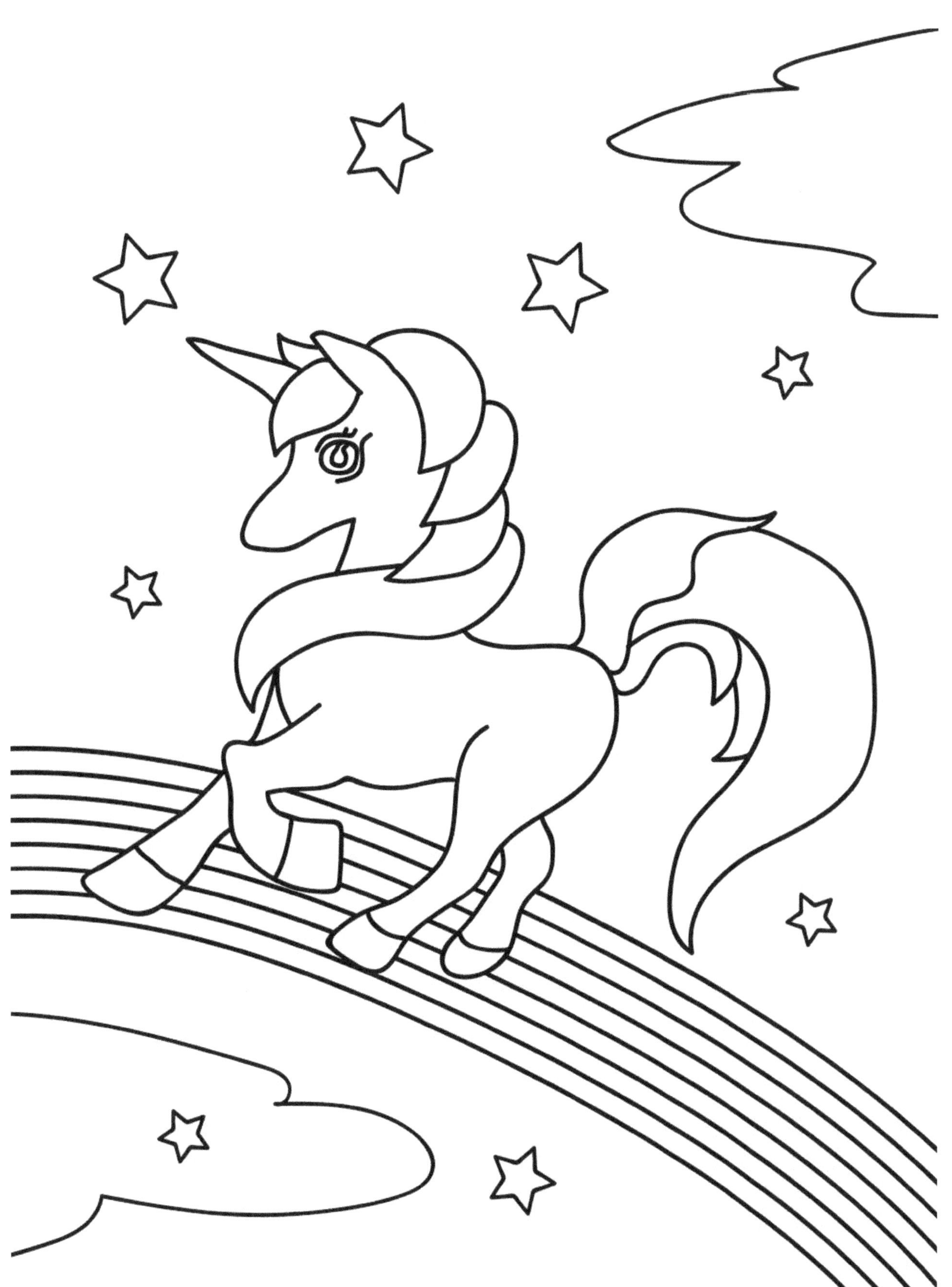

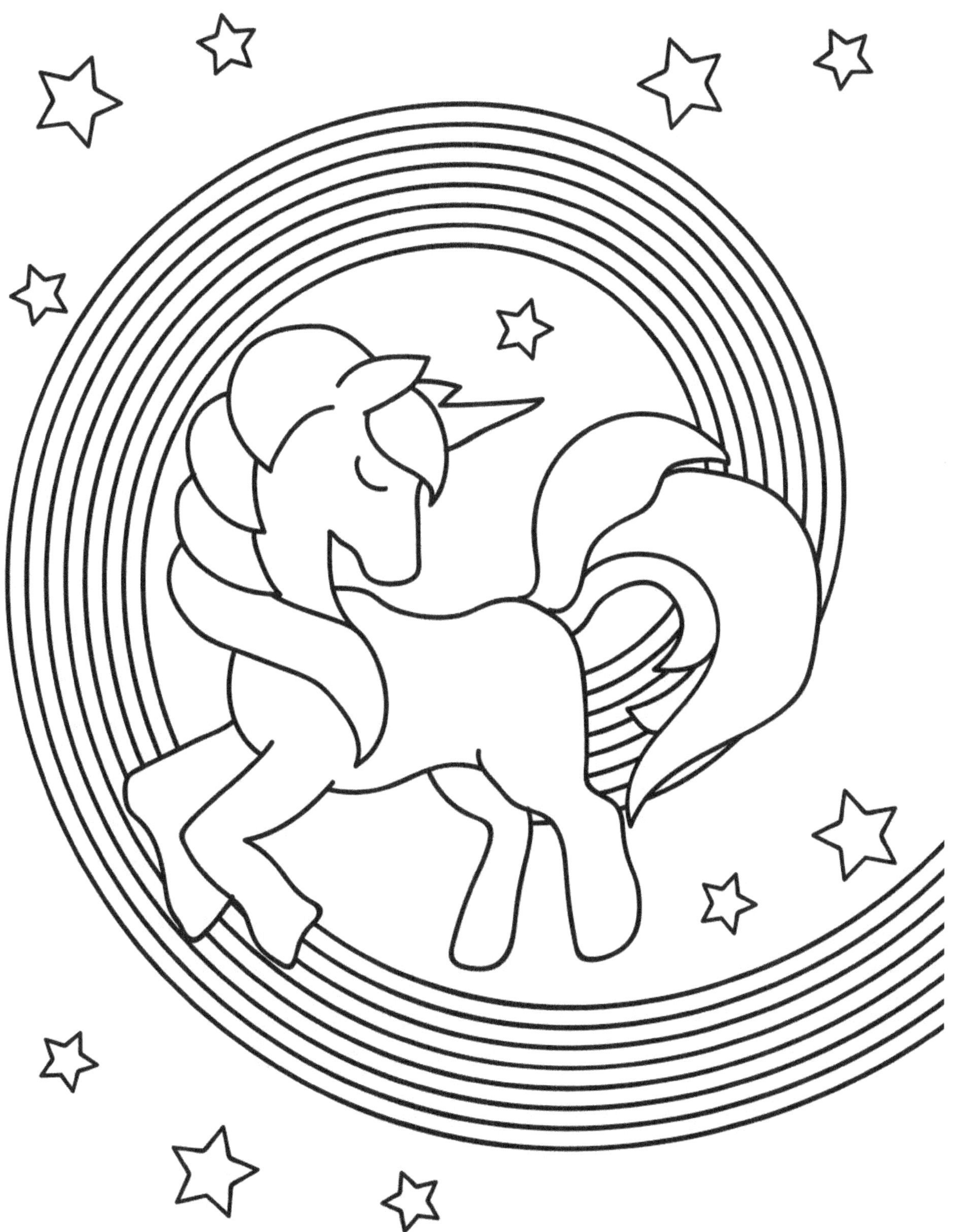

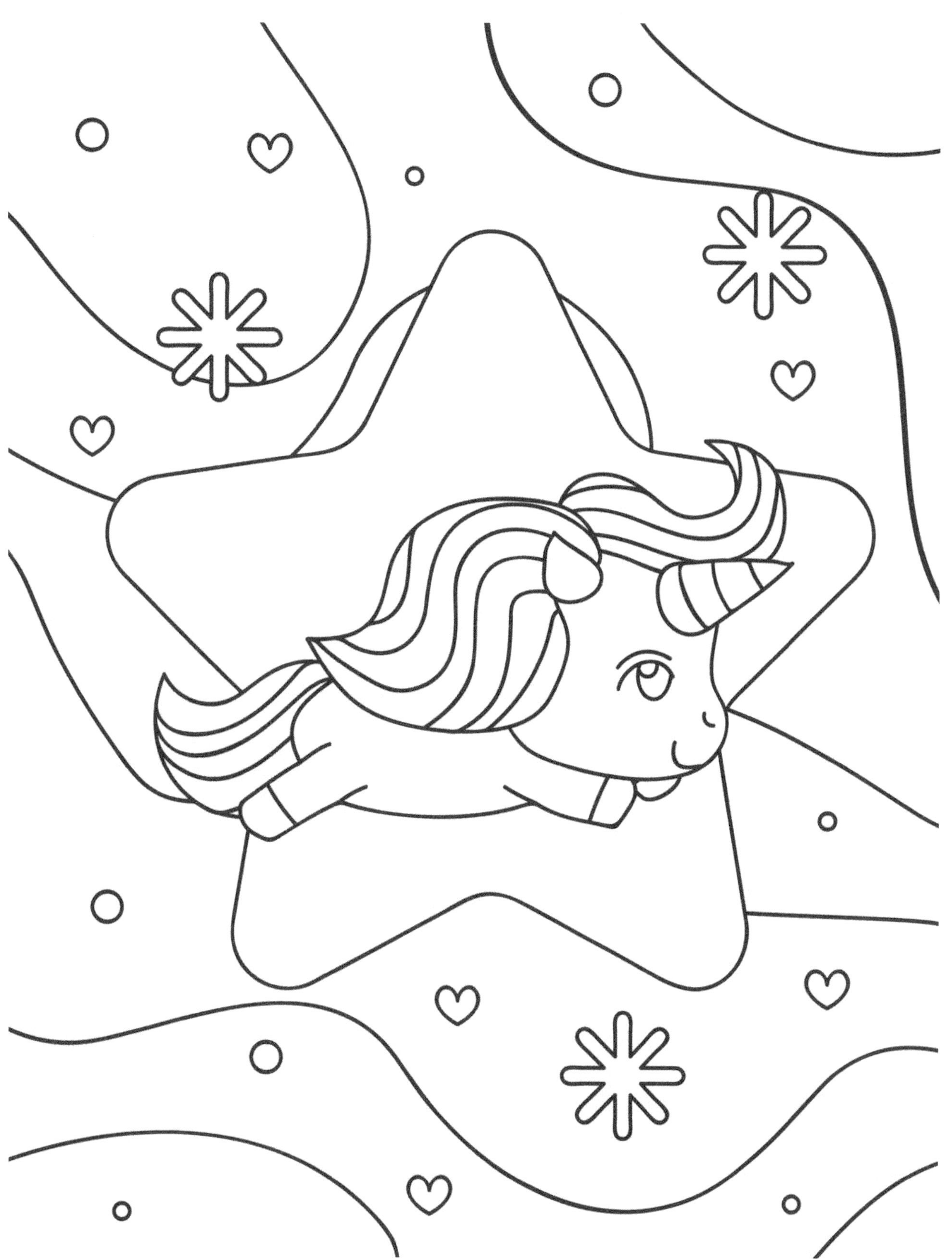